BEI GRIN MACHT SICH IHR
WISSEN BEZAHLT

KI-Strategien zur Abfallminimierung in KMUs. Effiziente Backwarenproduktion durch Digitalisierung

Tatiana Dornbusch

GRIN ☺

Bibliografische Information der Deutschen Nationalbibliothek:

Die Deutsche Nationalbibliothek verzeichnet diese Publikation in der
Deutschen Nationalbibliografie; detaillierte bibliografische Daten sind
im Internet über http://dnb.d-nb.de abrufbar.

ISBN: 9783346963949
Dieses Buch ist auch als E-Book erhältlich.

Druck und Bindung: Books on Demand GmbH, Norderstedt Germany
Gedruckt auf säurefreiem Papier aus verantwortungsvollen Quellen

Das vorliegende Werk wurde sorgfältig erarbeitet. Dennoch
übernehmen Autoren und Verlag für die Richtigkeit von Angaben,
Hinweisen, Links und Ratschlägen sowie eventuelle Druckfehler keine
Haftung.

Das Buch bei GRIN: https://www.grin.com/document/1414640

2023

Digitalisierung in handwerklichen KMU am Beispiel einer Bäckerei

TATIANA DORNBUSCH
Modulbezeichnung:
DML 92: Fallstudie Digitalisierung

Inhalt

Abbildungsverzeichnis

Abkürzungen

bzw.	beziehungsweise
f.	folgende
KI	künstliche Intelligenz
KMU	kleine und mittelständische Unternehmen
Mio.	Million
o. Ä.	oder Ähnliches
S.	Seite
u. a.	unter anderem
vgl.	vergleiche
z. B.	zum Beispiel

1. Einleitung

Künstliche Intelligenz (KI) findet in kleinen und mittelständischen Unternehmen (KMU) weniger Resonanz als in Großkonzernen. Das Kernproblem liegt hierbei in den fehlenden Kenntnissen über die neuesten Technologien und deren Anwendungsmöglichkeiten in kleinen Betrieben.[1] Darüber hinaus sind die finanziellen und personellen Ressourcen der KMU begrenzter als in Großunternehmen. Allerdings kann KI auch in kleineren Betrieben zur Effizienzsteigerung beitragen. Ein Beispiel sind KI-Lösungen für eine ressourcenschonende Lebensmittelproduktion.

Laut den Daten vom Bundesministerium für Ernährung und Landwirtschaft entstehen in Deutschland jährlich ca. 11 Mio. Tonnen Lebensmittelabfälle (Stand 2020).[2] Dabei gehören Backwaren zu den am häufigsten weggeworfenen Lebensmitteln.[3] Von 1,7 Mio. Tonnen der jährlichen Brotabfälle sind 36 % Retouren der Bäckereien.[4] Eine Reduktion der Überproduktion schont Ressourcen, steigert die Effizienz eines Backbetriebes und fördert ein nachhaltiges Produktionsmuster.

1.1 Problemstellung und Zielsetzung

Das Problem der Lebensmittelabfälle ist den meisten Backbetrieben bekannt, denn sie retournieren oder entsorgen bis zu 30 % der Ware nach jedem Verkaufstag. Es ist jedoch schwierig, täglich die exakte benötigte Menge an Backwaren vorauszusagen, weil die schwankende Nachfrage durch unterschiedliche Faktoren beeinflusst wird.

Das Ziel dieser Fallstudie ist eine Erarbeitung und die ökonomische Bewertung eines Ansatzes zur Digitalisierung in einem Backhaus. Es handelt sich um ein Konzept, das durch den Einsatz von KI die Lebensmittelabfälle reduziert.

1.2 Vorgehensweise

Das Konzept wird mithilfe der Schablonen ausgearbeitet, die im Lernmodul zur Verfügung gestellten wurden. Hierfür wird eine KI-Lösung zur Erstellung der Verkaufsprognosen sowie zur Reduktion der Abfälle in der Produktion gewählt und ausgewertet.

---

[1] Vgl. Scholz (o. A.), S. 10.
[2] Vgl. BMEL.de, URL: https://www.bmel.de/DE/themen/ernaehrung/lebensmittelverschwendung/strategie-lebensmittelverschwendung.html, Stand: 01.12.2022.
[3] Vgl. WWF Deutschland, URL: https://www.wwf.de/fileadmin/fm-wwf/Publikationen-PDF/WWF-Studie-Unser-taeglich-Brot_Von-ueberschuessigen-Brotkanten-und-wachsenden-Brotbergen_102018.pdf, Stand: 01.12.2022.
[4] Vgl. ebenda.

1.3 Aufbau der Arbeit

Der Aufbau der Arbeit ist wie folgt gewählt: nach der Einleitung, die die Problemstellung und das Ziel erläutert, werden die Vorgehensweise und der Aufbau beschrieben. In Kapitel 2 werden die theoretischen Grundlagen beschrieben und relevante Begriffflichkeiten definiert. Im dritten Kapitel wird der Backbetrieb ‚Gutes Brot' vorgestellt und ein Digitalisierungsansatz ausgearbeitet. Die Arbeit endet mit einer kritischen Würdigung und einer Zusammenfassung.

2. Theoretische Grundlagen

2.1 Definition und Abgrenzung von Intelligenz und künstlicher Intelligenz

Die Frage nach der Intelligenz (lat.: *intelligentia* = ‚Vorstellung', ‚Einsicht', ‚Verstand') wird in der Menschheit seit Jahrhunderten erforscht. Doch bis heute gibt es keine allgemeingültige Definition des Begriffs ‚Intelligenz' und keine eindeutige Zuordnung einer Wissenschaftsdisziplin. Allgemein lässt sich ‚Intelligenz' wie folgt definieren: „die Fähigkeit, sich in neuen Situationen durch Einsicht zurechtzufinden und Aufgaben durch Denken zu lösen. Erfahrung spielt dabei keine Rolle, eher das schnelle Erfassen von Beziehungen und deren Kombination. So kann ein neuer Blick auf ein bestehendes Problem entstehen und zu einer schnellen Lösung führen – ohne Ausprobieren und Lernen."[5]

Auch für den Begriff ‚künstliche Intelligenz' gibt es verschiedene Definitionsansätze. Im Rahmen dieser Arbeit erscheint die Definition von SmartAIwork sinnvoll: „IT-Lösungen und Methoden, die selbständig Aufgaben erledigen, wobei die der Verarbeitung zugrundeliegenden Regeln nicht explizit durch den Menschen vorgegeben sind".[6] Diese Aufgaben, die bisher menschliche Intelligenz erforderten, werden durch KI erledigt.

Als ‚Geburtsstunde' der KI gilt die Darthmouth Conference von 1956, bei der angenommen wurde, dass alle Merkmale der Intelligenz so beschrieben werden können, dass eine Maschine zur Simulation dieser Vorgänge gebaut werden kann.[7]

Im Jahr 2023 gehört KI zu Schlüsseltechnologien und wird von der Bundesregierung forciert. Durch die im Jahr 2018 verabschiedete Nationale Strategie für Künstliche

---

[5] Vgl. Kern et al. URL: https://www.planet-wissen.de/gesellschaft/lernen/intelligenz/pwwbintelligenz100.html, Stand: 06.12.2022.
[6] Vgl. Heinen et al. (2021), S. 8.
[7] Vgl. ebenda (2021), S. 6.

Intelligenz soll Deutschland zu einem führenden Standort für KI-Entwicklungen werden. Dabei setzt die Bundesregierung einen Schwerpunkt auf Maßnahmen, durch die deutsche Unternehmen aller Größen dazu befähigt werden, KI-Anwendungen zu nutzen, zu entwickeln und in ihre Geschäftsprozesse einzubeziehen.[8]

Da der Mittelstand einen Großteil der Deutschen Wirtschaft darstellt, wird die besondere Bedeutung der KMU in der Strategie für KI hervorgehoben.[9] Dieser Aspekt wird im nächsten Abschnitt näher erläutert.

2.2 Kleine und mittelständische Unternehmen (KMU)

Zu den KMU, die sich nach der Unternehmensgrößenstruktur definieren, zählen Unternehmen mit einem Jahresumsatz bis 50 Mio. € sowie einer Beschäftigtenzahl bis 249 Personen. Eine Klassifizierung nach Branchen ist nicht vorgesehen.[10]

Im Jahr 2020 umfasste der deutsche Mittelstand bspw. rund 99,3 % aller umsatzsteuerpflichtigen Unternehmen, in denen ca. 54,4 % aller sozialversicherungspflichtig Beschäftigten angestellt waren, rund 33,7 % aller Umsätze erwirtschaftet wurden sowie rund 70,6 % aller Auszubildenden arbeiteten.[11] Eine wichtige wirtschaftliche Rolle nimmt dabei das Handwerk ein, in dem ca. 12 % aller Erwerbstätigen beschäftigt sind.[12]

2.3 Künstliche Intelligenz im Handwerk am Beispiel eines Backhauses

Wie anfangs erläutert, liegt das Kernproblem der Digitalisierung von Handwerksbetrieben in den fehlenden Kenntnissen über die neuen KI-Technologien. Zudem sind viele Technologien so kostenintensiv, dass sie keinen wirtschaftlichen Vorteil für KMU bieten. Das im nächsten Kapitel ausgearbeitete Konzept soll allerdings beweisen, dass auch Handwerksbetriebe wie Bäckereien von der KI profitieren können.

Brot ist in der deutschen Ess- und Alltagskultur verwurzelt und gilt seit der Aufnahme im Jahr 2014 ins Bundesweite Verzeichnis des immateriellen Kulturerbes als besonders

---

[8] Vgl. Nationale Strategie für Künstliche Intelligenz, URL: https://www.ki-strategie-deutschland.de/home.html, Stand: 06.12.2022.
[9] Vgl. Bruhn & Hadwich (2021), S. 327
[10] Vgl. Klodt, URL: https://wirtschaftslexikon.gabler.de/definition/mittelstand-40165, Stand: 06.12.2022
[11] Vgl. IfM Bonn URL: https://www.ifm-bonn.org/statistiken/mittelstand-im-ueberblick/volkswirtschaftliche-bedeutung-der-kmu/deutschland, Stand: 06.12.2022
[12] Vgl. Heinen et al. (2021), S. 12.

schützenswert. Mit über 3200 registrierten Sorten von Brotspezialitäten bietet Deutschland mehr Auswahl als jedes andere Land.[13]

Es stellt sich die Frage, inwiefern die traditionsreiche deutsche Brotkultur mit KI zusammenhängt. Die Antwort liegt in den aktuellen wirtschaftlichen Rahmenbedienungen. Steigende Energie- und Rohstoffkosten, ein Mangel an Arbeitskräften und Auszubildenden sowie Anforderungen zum Klimaschutz fordern Bäckereibesitzer täglich heraus. KI-Lösungen sollen Bäckereien bei der Prozessoptimierung unterstützen und den wirtschaftlichen Druck minimieren.

3. Fallstudie: Reduzierung der Backwarenabfälle

3.1 Vorstellung der Bäckerei ‚Gutes Brot'

‚Gutes Brot'[14] (s. Anlage 1) ist eine traditionelle Bäckerei in der dritten Generation. Das mittelständische Unternehmen mit drei Filialen und einem eigenen Backhaus bietet seinen Kunden Backware in hundertprozentiger Bioqualität.

Die Inhaberin Frau Maier hat die Vorteile der Digitalisierung früh erkannt und Digitalisierungsmaßnahmen in ihrem Betrieb umgesetzt. So hat die Bäckerei ihre eigene Website, ein System für Personalplanung sowie ein digitales Kassensystem. Dies ist eine geeignete Grundlage für die Implementierung von KI-Technologien, denn diese setzen eine solide Datenbasis voraus. Eine wesentliche Komponente aller KI-Anwendungen ist Maschinelles Lernen (Machine-Learning), bei dem Algorithmen Daten und Erfahrungen aus der Vergangenheit analysieren und in Wissen umwandeln. Letzteres kann z. B. für Verkaufsprognosen verwendet werden.[15]

Frau Maier handelt umweltbewusst und möchte ihren Betrieb noch nachhaltiger gestalten sowie gleichzeitig dessen Wettbewerbsfähigkeit stärken. Sie versucht ihre Bestellungen so präzise wie möglich nach dem eigenen subjektiven Empfinden und der Erfahrung zu planen, doch am Ende des Tages bleiben bis zu 20 % der Backware übrig.

---

[13] Vgl. Ante, URL: https://www.merkur.de/leben/genuss/darum-deutsches-brot-beste-welt-zr-11088160.html, Stand: 07.12.2022
[14] Dies ist ein fiktives Unternehmen. Überschneidungen und Bezüge zu realen Unternehmen, Personen und Projekten sind rein zufällig, wenngleich Elemente hiervon tatsächlich in Praxisprojekten vorgekommen sein mögen.
[15] Vgl. Merkel, URL: https://digitalzentrum-hannover.de/themen/kuenstliche-intelligenz/, Stand: 10.12.2022

3.2 Informationsphase

Die Digitalisierungsvision des Bäckereibetriebs ‚Gutes Brot' lässt sich nach der SMART-Methode wie folgt zum Ausdruck bringen:

S	Spezifisch	Spezifische konkrete Ziele
Verbesserung der Verkaufsprognosen für die Filialen sowie Reduktion der Abfälle in der Produktion.		
M	Messbar	Qualitative und quantitative Messgrößen
Reduzierung der Überproduktion und Produktionsabfälle um 50 % durch verbesserte Verkaufsprognosen und Produktionskontrolle.		
A	Attraktiv	Positiv, motivierend formuliert
Stärkung der Wettbewerbsfähigkeit durch eine nachhaltige Produktion und Entlastung des Personals.		
R	Realistisch	Das Ziel muss für den Betrieb erreichbar sein.
Für die Umsetzung stehen sofort 20.000 € zur Verfügung. Die Investition soll sich nach drei Jahren komplett amortisieren.		
T	Terminierbar	Bis wann sollen die Ziele erreicht werden?
Die Optimierung soll bis spätestens Juli 2023 abgeschlossen sein.		

Aus diesen Vorgaben lässt sich das folgende Ziel formulieren:

Entwicklung des Projektziels (SMART)
Ziel ist es, durch eine Optimierung der Produktion sowie eine Verbesserung der Verkaufsprognosen die Lebensmittelabfälle bis Juli 2023 um 50 % zu reduzieren, Wettbewerbsfähigkeit zu stärken und das Personal zu entlasten. Zu diesem Zweck soll eine KI-basierte Software in die Arbeitsprozesse der Bäckerei implementiert werden. Die gesamten Investitionen sollen sich nach spätestens drei Jahren amortisieren.

Auf Basis dieses Ansatzes könnten folgende Softwarealternativen bei der Problemlösung helfen:

Anwendungsart	Name der Anwendung	Beschreibung	Hersteller	Kosten
Einzelanwendung				
Branchenanwendung	Kassensystem	Kassensysteme für Bäckereien, die Filialen und die Produktionsstätte miteinander verbinden	verschiedene Anbieter	k. A.
	RezeptAssyst	digitale Waage mit Rezepturverwaltung, die die Mitarbeiter durch den Teigherstellungsprozess leitet	HS Soft[16]	1940–2200 € pro Waage

---

[16] Vgl. HS Soft URL: https://shop.hssoft.de/collections/rezeptwaage, Stand: 04.12.2022.

KI-Anwendung	Foodforecast	Reduktion der Retouren durch präzise Vorhersagen	Foodfore-cast[17]	k. A.
	Bäcker AI	Automatisierung der Bestellpla-nung, Reduktion der Retouren durch präzise Vorhersagen	Bäcker AI[18]	0,10 € pro Stück der verkauften Ware

Abbildung 1: Softwarealternativen auf dem Markt

Einzelanwendungen sind für das gewählte Konzept nicht relevant und werden nicht näher betrachtet.

Branchenanwendungen

Bei Branchenanwendungen lohnt sich ein Upgrade auf ein Kassensystem, das sich um die Komponente ‚künstliche Intelligenz' erweitern lässt oder bereits KI-Elemente enthält. Außerdem soll die Produktion mit Hard- und Software ausgestattet werden, die die Zutatenmengen genau berechnet und den Teigherstellungsprozess optimiert.

KI-Anwendungen

Bei KI-Anwendungen empfehlen sich Systeme, die nach einer Auswertung verschiedener Daten eine präzise Verkaufsprognose auf täglicher Basis erstellen können. Dabei werden Faktoren wie Wochentag, Wetter, Ferien oder Verkehrslage in der Umgebung berücksichtigt.

In der nachstehenden Tabelle werden Anwendungsarten vorgeschlagen, die bei der Problemlösung behilflich sein sollen:

Anwendungsart	Beschreibung	Voraussetzungen
Bestellanwen-dung	Automatisierung und Standardisierung der Be-stelldaten für die Produktionsstätte	Datenverbindung zwischen den Filialen und der Produk-tionsstätte, einheitliche Be-stellvorlagen
Datenanalyse / Machine-Learning	Das System generiert Verkaufsprognosen anhand von Daten aus der Vergangenheit. Dabei werden Faktoren wie Wetter, Verkehrslage, Ferien oder Wochentage berücksichtigt.	ausreichende maschinenles-bare Daten
Vorausschauende Analyse	Das KI-System erstellt seine Prognosen automa-tisch, indem es Verkaufsdaten aus dem Kassen-system, Wetterdaten, Jahreszeit etc. analysiert.	maschinenlesbare Daten, Kundengruppen, Einzugsge-biet, Wetterdaten

Abbildung 2: Einsetzbare KI-Methoden

---

[17] Vgl. Foodforecast, URL: https://foodforecast.com/unser-produkt/, Stand: 04.12.2022.
[18] Vgl. Bäcker AI, URL: https://baeckerai.de/, Stand: 04.12.2022.

Nachdem die Digitalisierungsziele definiert, mögliche Software und Hardware auf dem Markt gefunden und die betroffenen Personen über die Möglichkeiten von KI in dieser konkreten Problemstellung informiert worden sind, kann die Analysephase beginnen.

3.3 Analysephase

In dieser Phase wird zunächst der aktuelle Prozessverlauf aufgenommen. Gegenwärtig benötigen drei Filialleiter je eine Stunde pro Tag, um eine Bestellung auszurechnen, mit der Betriebsinhaberin abzustimmen und in die Produktion zu geben. Der Prozess läuft telefonisch und per E-Mail ab. Der Eingang der Bestellung wird vom Produktionsleiter nach der Prüfung der Zutatenbestände per E-Mail vollständig oder mit Korrekturen bestätigt. Der Zeitaufwand beträgt ebenfalls eine Stunde. Die Kosten für diesen Prozess belaufen sich auf 340 € pro Tag (s. die wichtigsten Daten in Anlage 1). Alle Rezepte sind in einem gedruckten Katalog zusammengefasst und stehen jedem Mitarbeiter in der Produktion jederzeit zur Verfügung. Da jedoch keine Mengen- bzw. Teigkontrolle vorgenommen wird, kommt es zu Produktionsfehlern, die den Herstellungsprozess verlangsamen und Abfälle verursachen. Der gesamte Prozess soll somit optimiert werden.

Im nächsten Schritt werden technische Voraussetzungen und der Prozess nach aufgabenspezifischen Ansatzpunkten geprüft.

Nr.	Problemstellung	Lösungsangebot	Nutzer-/Kunden-gruppe
1	In der Produktion entstehen große Mengen an Lebensmittelabfällen durch fehlende Kontrolle der Zutatenmengen. Darüber hinaus fehlt ein System für die Teigkontrolle.	Optimierung und Dokumentierung der Rezepte, Einsatz von digitalen Waagen, die die Mitarbeiter durch den Herstellungsprozess führen. Dadurch werden Fehler z. B. bei der Teigherstellung minimiert.	Betriebsinhaberin Produktionsleiter Backmeister
2	Große Retouren- und Abfallmengen am Ende eines Verkaufstages wegen ungenauer Verkaufsprognosen. Flexibilität bei der Bestellung soll weiterhin verfügbar sein.	Einführung eines KI-Systems, das die Verkaufsdaten auf täglicher Basis analysiert und Prognosen für den kommenden Tag erstellt. Dabei hat die bestellende Person weiterhin die Freiheit, die Bestellmengen manuell anzupassen.	Betriebsinhaberin Filialleiter

Abbildung 3: Aufgabenbezogene Digitalisierungsansätze

Ansatz 1: Die Betriebsinhaberin und der Produktionsleiter sind am Lösungsangebot interessiert und möchten nähere Informationen erhalten.

Ansatz 2: Das zweite Lösungsangebot ist auch interessant, da es bei der angestrebten Reduktion der Lebensmittelabfälle Abhilfe leisten soll. KI-Systeme versprechen eine Reduktion von bis zu 50 %. Hierfür wurden ebenfalls genaue Informationen angefragt.

Nachdem nützliche Ansätze gefunden worden sind, wird die Aufgabenumgebung für die Entwicklung einer intelligenten Lösung definiert:

Nr.	Leistungsbewertung	Umgebung	Aktuatoren	Sensoren
1	Schnelle und präzise Eingaben der Bestellmengen in die Produktion	Produktionsstandort	Ausgabe der Bestelldaten in der Produktionssoftware	Touchdisplay der Waage
2	Vorhersage der Bestellmengen mithilfe der Verkaufsprognosen	Filialen Produktionsstandort	Ausgabe der Bestellmengen pro Filiale	Touchdisplay der Kassensysteme in den Filialen
3	Wetter- und saisonbedingte Verkaufsprognosen	Filialen Produktionsstandort	Ausgabe der Bestellmengen pro Filiale in Abhängigkeit von Wetter, Saison etc.	Touchdisplay der Kassensysteme in den Filialen

Abbildung 4: Aufgabenumgebung der Digitalisierungsansätze

Im letzten Schritt der Analysephase werden die Randbedingungen für jede Lösung besprochen. Diese umfassen die Nutzer bzw. Anwender sowie die externen Betroffenen der Lösung und gleichzeitig das zugehörige IT-System sowie die Informationsbasis:

Nr.	Nutzer/Anwender	Externe Betroffene	Informationsbasis	Betroffene IT-Systeme
1	Backhausleiter Backmeister Betriebsinhaberin	Gesetzgeber	gesetzliche Vorschriften bezüglich bspw. Allergenen oder Zusatzstoffen	digitale Datenbank für Rezepte
2	Betriebsinhaberin Filialleiter Filialmitarbeiter	Gesetzgeber	gesetzliche Änderung der Öffnungszeiten oder Vorgaben zur Haltbarkeit der Backware	KI-System für Verkaufsprognosen
3	Betriebsinhaberin Backhausleiter	kooperierende Gastronomiebetriebe	direkte Kommunikation mit dem Backbetrieb	KI-System für Verkaufsprognosen
4	Betriebsinhaberin Filialleiter Filialmitarbeiter Backhausleiter Backmeister	Eine allgemeine Änderung des Kundenverhaltens z. B. in Bezug auf Nachhaltigkeit	Umsätze der Bäckerei, direktes Feedback von Kunden	KI-System wird diese Änderungen erfassen und für die Analyse verwenden.

Abbildung 5: Analyse der zugehörigen Randbedingungen

In dieser Phase wurden folgende Ziele erreicht:

- Skizzierung des aktuellen Prozessverlaufs an der Problemstelle,
- Definition der Digitalisierungsansätze mit der Unternehmerin,
- Erfassung der Aufgabenumgebung für die Entwicklung des KI-Systems,
- Festlegung der Randbedingungen der jeweiligen Lösung.

3.4 Konzeptionsphase

Zu Beginn werden die vorbereiteten und realisierbaren Lösungsansätze der Betriebsinhaberin vorgestellt.

Lösungsansatz 1: Einführung eines digitalen Rezeptassistenten, der die Prozesse in der Produktion optimieren und dadurch die Abfälle in der Herstellung reduzieren soll.

Lösungsansatz 2: Einführung eines KI-Systems, das Bestellmengen präzise ausrechnet. Dadurch werden diese auf Tagesbasis optimiert und die Überproduktion wird verringert. Zudem wird der Bestellprozess durch ein KI-System vereinfacht bzw. verkürzt.

Frau Maier hat beide Lösungsansätze zur Umsetzung freigegeben, also wurden im nächsten Schritt die Ergebnisse der ersten Phase mittels des Business Models Canvas[19] zusammengefasst:

9 Schlüssel-partner	8 Schlüsselaktivitäten	2 Problemlösung	4 Kundenbezie-hungen	1 Kundensegmente in den Problemfeldern
Frau Maier Projektbetreuer	Einführung eines KI-ba-sierten Systems	Reduzierung der Re-touren durch genauere Verkaufsprognosen	B2B	Filialleiter oder Vertre-tung, Produktionsleiter und die Inhaberin der Bäckerei ,Gutes Brot'
IT-Unternehmen noch nicht definiert	Einführung eines Rezept-assistenten	Einsparung der Res-sourcen in der Produk-tion		
	7 Schlüsselressourcen		**3 Kanäle der Ideenverbreitung**	
	Kassensysteme	Zeiteinsparung beim Bestellvorgang und in der Produktion	Internes Briefing Interne E-Mails Telefon	
	Verkaufsdaten aus den letzten drei Jahren			
	Datenbank der Rezepte			
5 Kostenstruktur		**6 Verwertungspotenzial**		
Hardwarekosten Softwarekosten Schulungskosten		Prozessoptimierung		
		Zeiteinsparung in der Planung und bei der Errechnung der Be-stellmengen		

Abbildung 6: Business Models Canvas

Im Folgenden können die wirtschaftlichen Möglichkeiten für beide Lösungsansätze geschätzt werden. Hierfür wird die Agile-Economics-Methode verwendet.

Optimierung der Bestell- und Herstellungsprozesse

Reduktion der Abfallmengen in der Produktion und im Verkauf. Eine Optimierung des Herstellungspro-zesses sowie genauere Verkaufsprognosen sollen Ressourcen einsparen und die Nachhaltigkeit ver-bessern.

---

[19] Das Modell wird in Anlage 2 entschlüsselt.

Verbesserte Kenntnis	Entscheidungsagilität	Mehrwert der Digitalisierung
1. Einfließen aller Verkaufsdaten in die Verkaufsprognose 2. Optimierung der Herstellungsprozesse durch verbesserte Rezepte und Teigkontrolle 3. Automatisierung der Bestellprozesse	1. Zeiteinsparung bei der Erfassung der Bestellmengen und Rückgaben 2. Zeit- und Ressourceneinsparung in der Produktion	1. Zeiteinsparung in Verwaltung und Produktion 2. Reduktion der Abfälle und Retouren im Verkauf und in der Produktion

Abbildung 7: Mehrwert der KI

Eine Optimierung der Herstellungsprozesse spart Ressourcen bereits in der Produktion ein, denn eine KI-gestützte Teigherstellung und -kontrolle verringert Produktionsfehler bzw. den Zeitbedarf in der Produktion.

Optimierung der Bestell- und Herstellungsprozesse	
1. Zeiteinsparung in Verwaltung und Produktion	Geschätzt ½ Std. pro Filialleiter (Stundensatz: 80 €) Geschätzt ½ Std. für Produktionsleiter (Stundensatz: 100 €)
2. Reduktion der Abfälle und Retouren im Verkauf sowie in der Produktion	Geschätzter Rückgang der Retouren von 20 auf 10 % Geschätzter Rückgang der Produktionsverluste: 50 %

Gewinnsteigerung pro Tag, €		Einsparpotenzial pro Tag, €		Wertschöpfung der Digitalisierung, €	
Reduzierter Zeitbedarf, Filialen	120	Reduzierung der Produktionskosten durch Optimierung der Bestellmengen	172,88	Einsparung	215,88
Reduzierter Zeitbedarf, Produktion	50	Einsparung der Zutaten	43	Gewinnsteigerung	170
Summe	170	Summe	215,88	Summe	385,88

Abbildung 8: Wertschöpfungsmöglichkeiten

Da die Bäckerei 350 Tage im Jahr im Betrieb ist, beläuft sich die geschätzte Wertschöpfung der Digitalisierung auf 135.058 € pro Jahr. Die Betriebsinhaberin rechnet jedoch mit ±50 % Unsicherheit für jede Position. Somit liegt der niedrigste geschätzte Wert bei 67.529 € und der höchste bei 202.587 € im Jahr:

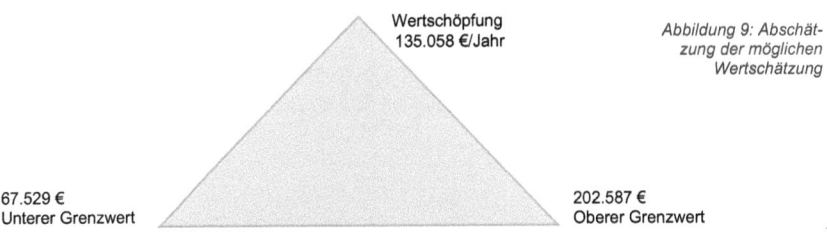

Wertschöpfung
135.058 €/Jahr

Abbildung 9: Abschätzung der möglichen Wertschätzung

67.529 €
Unterer Grenzwert

202.587 €
Oberer Grenzwert

Zur technischen Umsetzung wird der Prozessverlauf in einem Service Blueprint erfasst:

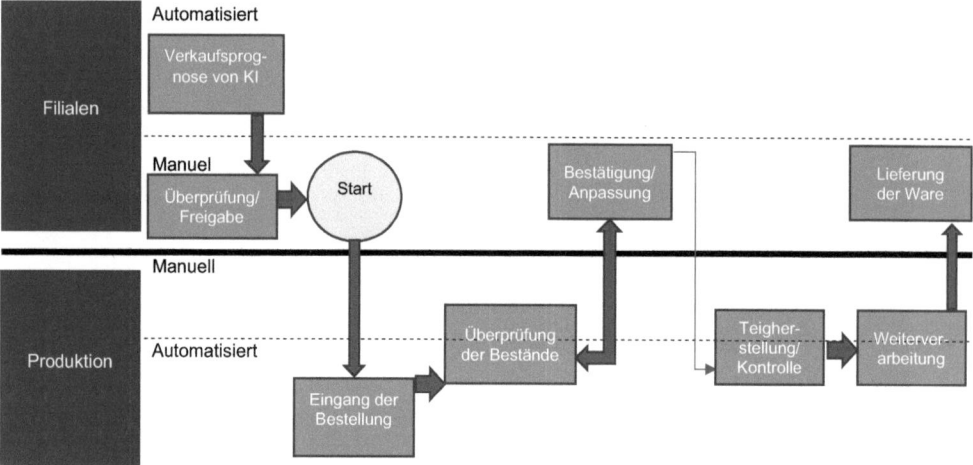

Abbildung 10: Service Blueprint der angedachten KI-Prozesse

Aus dem Model geht hervor, dass die Verkaufsprognose automatisch von der KI erstellt wird. Die Überprüfung der Zutatenbestände, Teigherstellung bzw. -kontrolle sowie weitere Produktionsprozesse verlaufen teilweise automatisch, bedürfen jedoch menschlicher Überwachung. Weitere Automatisierungsschritte sind möglich, werden aber in dieser Arbeit nicht ausgearbeitet.

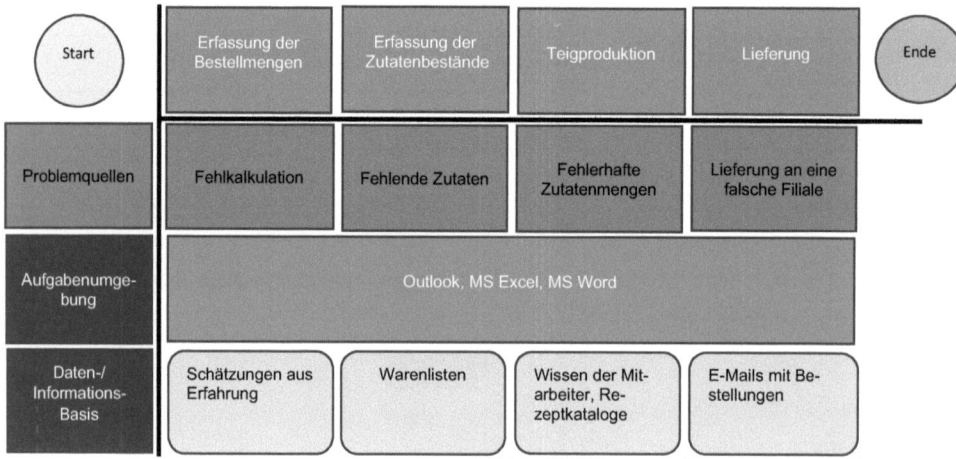

Abbildung 11: KI-Prozesse mit zugehörigen Randbedingungen

Neben den wirtschaftlichen und technischen Aspekten sind in KI-Projekten die Interaktionen mit menschlichen Stakeholdern von besonderer Bedeutung.

Bäckerei ‚Gutes Brot'

In diesem Betrieb finden sich drei Stakeholder: Betriebsinhaberin, Produktionsleiter und Filialleiter. Sie können das Projekt stoppen oder im Fall des Produktionsleiters und der Filialleiter die Nutzung der KI-Anwendungen ablehnen.

Dateninhaber

Zu den entscheidenden Datenträgern des angestrebten Konzepts gehören die Bäckerei selbst, die über die Verkaufs- und Produktionsdaten verfügt, der Wetterdienst, der Wetterdaten liefert, und die Stadt, die z. B. Daten zur aktuellen Verkehrslage, Baustellen oder Umleitungen zur Verfügung stellen kann.

Externe Stakeholder

Hier sind die Kunden, die in den Filialen ‚Gutes Brot' einkaufen, sowie der Staat hervorzuheben. Im ersten Fall kann sich das Verhalten der Kunden z. B. in Bezug auf Nachhaltigkeit und Umgang mit Lebensmitteln ändern. Es ist ebenfalls denkbar, dass sich die gesellschaftliche Einstellung darüber, ob Brotverzehr gesund oder ungesund ist, ändert. Der Staat kann Gesetze und Vorgaben bspw. zu bestimmten Zutaten, zu Hygieneregeln oder zum Umweltschutz erlassen und ändern. Dadurch sind Änderungen im Sortiment, im Geschmack o. Ä. und als Folge auch ein Wandel des Kundenverhaltens zu erwarten.

Die Übersicht aller Stakeholder ist in Anlage 3 zu finden.

Diese Daten können ins Business Model Canvas eingearbeitet werden. Das erweiterte Business Model mit der Entschlüsselung dient als wesentlicher Teil des Ideenpapiers, das für die Entwicklungsfirma entscheidend ist. Es ist in Anlage 4 zu finden.

In der dritten Phase wurden folgende Ziele erreicht:

- Vorstellung möglicher Ansätze für die Problemlösung,
- Skizzierung des Geschäftsmodells für den gewählten Digitalisierungsansatz,
- Abschätzung des zu erwartenden Mehrwerts,
- Skizzierung des geplanten KI-Prozesses und seiner Randbedingungen,
- Ableitung der betroffenen Stakeholder,

- Weiterentwicklung des Geschäftsmodells.

Nach der dritten Phase liegen genug Informationen vor, um mit der Umsetzung des Projekts zu beginnen. Hierfür kann der Projektbetreuer nach entsprechenden Spezialisten suchen.

3.5 Implementierungsphase

Für dieses Projekt wurden drei Angebote eingeholt und das Angebot der Firma SoftLab wurde gewählt. Aus diesem geht hervor, dass sich das Projekt wirtschaftlich für die Bäckerei lohnt und die Kosten sich innerhalb des gewünschten Zeitraums amortisieren. Eine genauere Darstellung der Kosten ist in Anlage 5 zu finden. Im nächsten Schritt wird das ausgearbeitete Konzept in die Entwicklungsphase weitergeleitet. Die aktive Planungsphase des Konzepts ist somit abgeschlossen.

4. Kritische Würdigung

Das ausgearbeitete Konzept stellt lediglich einen Aspekt der Digitalisierungspotenziale dar, die die Nachhaltigkeit eines Backbetriebes steigern können.

Ein weiterer Schritt wäre die Modernisierung der Filialen. ‚Smarte' Regale können bspw. mithilfe der Sensoren und der KI-Technologien aktuelle Bestände an Produkten in Echtzeit überprüfen und die Nachbestelllogistik optimieren. Die Daten werden an die angebundene Cloud-Anwendung übermittelt, ausgewertet und an die Produktion weitergeleitet.[20]

Außerdem können KI-basierte Technologien wie moderne Ofenmodelle, die temperaturgesteuerte Teigzubereitung bzw. -reifung, digitales Qualitätsmanagement oder die Verteilung der Backware durch ein digitales Versandsystem in die Produktion integriert werden.[21] Ihr Vorteil besteht darin, dass sie Energiekosten sowie Produktionsabfälle reduzieren und dadurch die Nachhaltigkeit eines Betriebs steigern.[22]

Darüber hinaus sind KI-Anwendungen für folgende Prozesse in der Verwaltung denkbar: Buchhaltung, Steuerberatung, digitale Arbeitsanweisungen, E-Learning-Kurse für

---

[20] Vgl. Schwab, URL: https://www.handwerk-magazin.de/smart-shelf-so-steuern-baecker-angebot-und-nachfrage-184049/, Stand: 14.12.2022.
[21] Vgl. Renner, URL: https://wissensforum-backwaren.de/digitalisierung-im-baeckerhandwerk-erleichterungen-fuer-den-arbeitsalltag-und-neue-werbemoeglichkeiten/, Stand: 14.12.2022.
[22] Vgl. Hansel, URL: https://www.handwerk-magazin.de/mit-digitaler-gesamtstrategie-und-effizienz-die-tradition-bewahren-182220/, Stand: 14.12.2022.

die Mitarbeiter, betriebsinterne Kommunikation, Vernetzung mit Wohltätigkeitsorganisationen u. v. a.

Der dadurch verringerte Verwaltungsaufwand unterstützt ebenfalls das Konzept des nachhaltigen Handelns z. B. durch die Einsparung der Energieresourcen.

Digitalisierung ist jedoch kein Selbstzweck, sondern eine Möglichkeit, den Herausforderungen zu begegnen und sich auf dem Markt zu positionieren. Hierfür wird eine adäquate Digitalisierungsstrategie benötigt, die den Betrieb stärkt und das Personal entlastet, d. h. einen Mehrwert liefert. Schließlich machen moderne Arbeitsbedingungen einen Handwerksbetrieb attraktiver für Fach- und Nachwuchskräfte.

5. Zusammenfassung

Viele deutsche KMU integrieren KI-Technologien wesentlich langsamer in ihre Prozesse als Großunternehmen, weil den KMU und insbesondere den Handwerksbetrieben oft die Mittel und das Wissen für eine umfassende Digitalisierung fehlen.

KI-Technologien können jedoch sinnvoll und wirtschaftlich Betriebsprozesse unterstützen. Ein Backbetrieb kann bspw. die Überproduktion sowie Abfälle in der Produktion mittels der KI-Anwendungen verringern, die die Verkaufsprognosen präzisieren sowie den Bestellprozess und die Produktion optimieren.

KI-Systeme bieten bedeutsame Potenziale, die nicht nur die Nachhaltigkeit verbessern, sondern auch hilfreich sind, um Probleme wie Fachkräfte- und Nachwuchsmängel oder steigende Produktions- und Personalkosten zu bewältigen. Allerdings sind die Akzeptanz der KI-Lösungen sowie die Bereitschaft, diese zu nutzen und regelmäßig weiterzuentwickeln, entscheidend. Digitalisierung ist kein einmaliger Vorgang und kein Selbstzweck, sondern ein langfristiger Prozess, der einerseits finanzielle und menschliche Ressourcen erfordert, aber andererseits die Wettbewerbsfähigkeit eines Betriebs stärken kann. Unabhängig davon, ob ein Unternehmen sich für eine KI-Lösung vom Markt oder für eine maßgeschneiderte Anwendung entscheidet, ist relevant, dass die Wahl für den Betrieb wirtschaftlich und von allen betroffenen Mitarbeitern akzeptiert ist.

Quellenverzeichnis

Al, B. (04. 12 2022). *baeckerai*. Von https://baeckerai.de/ abgerufen

Ante. (9. Januar 2019). *Merkur.de*. Von https://www.merkur.de/leben/genuss/darum-deutsches-brot-beste-welt-zr-11088160.html abgerufen

BMEL. (1.. Dezember 2022). *BMEL.de*. Von https://www.bmel.de/DE/themen/ernaeh-rung/lebensmittelverschwendung/strategie-lebensmittelverschwendung.html abgerufen

Bruhn, M., & Hadwich, K. (2021). *Künstliche Intelligenz im Dienstleistungsmanagement*. Wiesbaden: Springer Fachmedien.

Bundesregierung, D. (2018). *Nationale Strategie für Künstliche Intelligenz*. Von https://www.ki-strategie-deutschland.de/home.html abgerufen

Heinen, E., Rüdiger, S., & Wegele, W. (2021). *Künstliche Intelligenz im Handwerk*. Stuttgart: Fraunhofer Verlag.

Hensel, S. (15. Mai 2019). *www.handwerk-magazin.de*. Von https://www.handwerk-ma-gazin.de/mit-digitaler-gesamtstrategie-und-effizienz-die-tradition-bewahren-182220/ abgerufen

Kern S., S. A. (20. Januar 2020). *www.planet-wissen.de*. Von https://www.planet-wis-sen.de/gesellschaft/lernen/intelligenz/pwwbintelligenz100.html abgerufen

Klodt, H. (6. Dezember 2022). *Gabler Wirtschaftslexikon*. Von https://wirtschaftslexi-kon.gabler.de/definition/mittelstand-40165 abgerufen

Lauten, J. (4. Dezember 2022). *Foodforecast*. Von https://foodforecast.com/unser-pro-dukt/ abgerufen

Merkel, P. (10. Dezember 2022). *Digitalzentrum Hannover*. Von https://digitalzentrum-hannover.de/themen/kuenstliche-intelligenz/ abgerufen

Renner, A. (15. Dezember 2022). *Wissensforum Backwaren*. Von https://wissensforum-backwaren.de/digitalisierung-im-baeckerhandwerk-erleichterungen-fuer-den-ar-beitsalltag-und-neue-werbemoeglichkeiten/ abgerufen

Scholz, R., & Prof. Dr. Grottke, M. (o. A.). *Digitale Transformation und Digital Business bei einem mittelständischen Handwerkbetrieb*. Stuttgart: AKAD Bildungsgesell-schaft.

Schwab, I. (14. Dezember 2022). *www.handwerk-magazin.de*. Von https://www.hand-werk-magazin.de/smart-shelf-so-steuern-baecker-angebot-und-nachfrage-184049/ abgerufen

Anlagen

Anlage 1 – Unternehmensprofil

Bäckerei ‚Gutes Brot'

- Gegründet: 1956
- Standort: Bonn
- Inhaberin: Frau Maier

Übergeordnete Unternehmensziele:

- Reduzierung der Backwarenabfälle
- Effizienzsteigerung der Produktion

Organisations- und Beschäftigungsstruktur

Leitung:

- Inhaberin (Frau Maier)
- 3 Filialleiter
- 1 Backhausleiter

Mitarbeiter/-innen:

- 6 Festangestellte in den Filialen
- 10 Aushilfen in den Filialen
- 5 Festangestellte im Backhaus
- 1 Azubi im Backhaus

Beschreibung des Absatzmarktes:

- Verkauf in eigenen Filialen
- Belieferung von Restaurants, Hotels und einem Krankenhaus

Beschreibung des Beschaffungsmarktes

- Rohstoffe aus lokalem ökologischem Anbau

Jahresumsatz der Filialen (kooperierende Gewerbegtriebe ausgeschlossen):

- ca. 1,2 Mio. €

Sortiment:

- 10 Brotsorten

- 15 Sorten von Brötchen, Brezeln und süßem Gebäck

Hier sind die wichtigsten Daten[23] zu dem Betrieb zusammengefasst:

Kategorie	Daten	Einsparpotenzial
Jahresumsatz der Filialen	1,2 Mio. €	
Tagesumsatz der Filialen (á 350 Tage), davon:	3450 €	
Umsatz mit Brot (40%)	1380 € (552 St)	
Umsatz mit Brötchen etc. (60%)	2070 € (2070 St.)	
Produktionskosten pro Tag,	1725 €	
davon Zutatenkosten	860 €	
Kosten für Bestellungen pro Tag (3 Filialen) 1 Filialleiter: 1 St á 80 €	240 €	120 €
Produktionsplanung pro Tag Produktionsleiter: 1 St á 100 €	100 €	50 €
Verluste der Zutaten durch eine Fehlkalkulation pro Tag (10% von gesamten Zutatenkosten)	86 €	43 €
Retouren pro Tag	20 %	10 %
Brot, St. (20% von 552 St.)	111	55,5
Brötchen etc. St. (20% von 2070 St.)	414	207
Durchschnittspreis im Verkauf, Brot (1 St.)	2,50 €	
Durchschnittspreis im Verkauf, Brötchen etc. (1 St.)	1 €	
Produktionskosten, Brot (1 St.)	1,25 €	69,38 €
Produktionskosten, Brötchen etc. (1 St.)	0,50 €	103,5 €

Das Sparpotenzial beläuft sich auf 385,88 € pro Tag bzw. 135.058 € pro Jahr.

---

[23] Alle Daten sind fiktiv und sollen nur als Beispiel verstanden werden.

Anlage 2 – Business Model Canvas

9 Schlüssel-partner	8 Schlüsselaktivitäten	2 Problemlösung	4 Kundenbeziehungen	1 Kundensegmente in den Problemfeldern
Frau Maier Projektbetreuer IT-Unternehmen noch nicht definiert.	Einführung eines KI-basierten Systems Einführung eines Rezeptassistenten	Reduzierung der Retouren durch genauere Verkaufsprognosen Einsparung der Ressourcen in der Produktion	B2B	Filialleiter oder Vertretung, Produktionsleiter und die Inhaberin der Bäckerei ‚Gutes Brot'
	7 Schlüsselressourcen Kassensysteme Verkaufsdaten aus den letzten 3 Jahren Datenbank der Rezepte	Zeiteinsparung bei dem Bestellvorgang und in der Produktion	**3 Kanäle der Ideenverbreitung** Internes Briefing Interne E-Mails Telefon	

5 Kostenstruktur	6 Verwertungspotenzial
Entwicklungskosten, Unterhaltungskosten, Hardwarekosten, Schulungskosten	Prozessoptimierung Zeiteinsparung in der Planung und Errechnung der Bestellmengen

1 Kundensegmente in den Problemfeldern

Leitfrage: Wer soll die Anwendung(en) nutzen?

Antwort: Filialleiter oder Vertretung, Produktionsleiter und die Inhaberin der Bäckerei ‚Gutes Brot'

2 Problemlösung

Leitfrage: Welchen Nutzen haben die Nutzer des neuen KI-Systems?

Antwort: Das neue System soll dabei helfen, die Retouren durch genauere Verkaufsprognosen zu reduzieren, die Abfälle in der Produktion zu verringern sowie die Zeit für den Bestellvorgang minimieren.

3 Kanäle der Ideenverbreitung

Leitfrage: Wie erfahren die Nutzer über die neue Anwendung?

Antwort: Die Information wird über interne Briefings und E-Mails sowie telefonisch verbreitet.

4 Kundenbeziehungen

Leitfrage: Wird die Lösung betriebsintern oder -extern genutzt? Nutzen Privat- oder Geschäftskunden die Lösung?

Antwort: In diesem Fall wird die Anwendung betriebsintern zwischen den Filialen und der Produktionsstätte genutzt.

5 Kostenstruktur

Leitfrage: Welche sind die wichtigsten Ausgaben, ohne die die Lösung nicht funktioniert?

Antwort: Entwicklungskosten, Unterhaltungskosten, Hardwarekosten, Schulungskosten

6 Verwertungspotenzial

Leitfrage: Womit amortisiert sich die Lösung?

Antwort: Durch die Prozessoptimierung in der Produktion, Zeiteinsparung in der Planung und Errechnung der Bestellmengen, welche ihrerseits die Überproduktion verringern.

7 Schlüsselressourcen

Leitfrage: Welche Ressourcen sind unverzichtbar?

Antwort: Kassensysteme mit den aktuellen Verkaufsdaten, Verkaufsdaten aus den letzten 3 Jahren sowie die Datenbank der Rezepte

8 Schlüsselaktivitäten

Leitfrage: Welche sind die wichtigsten Tätigkeiten, um dieses Geschäftsmodel in die Tat umzusetzen?

Antwort: Einführung eines KI-basierten Systems für Verkaufsprognosen, Einführung eines Rezeptassistenten

9 Schlüsselpartner

Leitfrage: Wer kommt als Partner infrage oder muss dringend eingebunden werden?

Antwort: Die Auftraggeberin Frau Maier, der Projektbetreuer sowie das IT-Unternehmen, das die Softwareentwicklung übernimmt.

Anlage 3 – Übersicht der Stakeholder

Stakeholder	Einflussfaktoren	Einstellung	Maßnahmen
Kunde/Käufer			
Betriebsinhaberin	Entscheidung über Projektdurführung	Positiv zum Projekt	Informieren und zufriedenstellen
Produktionsleiter	Nutzung der Software	Unbestimmt	In Entwicklung einbeziehen
Filialleiter	Nutzung der Software	Unbestimmt	In Entwicklung einbeziehen
Dateninhaber			
Bäckerei ‚Gutes Brot'	Inhaber der Filialdaten	Positiv zum Projekt	Informieren und zufriedenstellen
Deutscher Wetterdienst	Inhaber der Wetterdaten	Neutral zum Projekt	Daten erwerben
Stadt	Einfluss auf die Verkehrslage (Baustellen, Umleitungen)	Neutral zum Projekt	Daten erwerben
Externe Stakeholder			
Kunden	Änderung des Kundenverhaltens	Unbestimmt	Beobachten
Gesetzgeber	Gesetzlicher Ramen	Neutral zum Projekt	Gesetze und Vorgaben einhalten

Anlage 4 – Weiterentwicklung des Business Models

10 Stakeholder		11 Verwertungspotenzial		12 Kostenstruktur	
Inhaberin, Filialleiter, Produktionsleiter, Dateninhaber, Kunden, Gesetzgeber, Stadt		Zeiteinsparung im Bestellprozess, Ressourcen- und Kosteneinsparung in der Produktion, Geldeinsparung durch eine Reduktion der Überproduktion		Entwicklungskosten, Unterhaltungskosten, Hardwarekosten, Schulungskosten	

8 Schlüsselwissen	3 Ressourcen	6 Schlüsselfähigkeiten	2 Problemlösung & Mehrwert	4 Verbreitungskanal	1 Kundensegmente User & Buyer
Prozesswissen der Betriebsinhaberin, der Filial- sowie Produktionsleitung; Verkaufsdaten, Rezeptdaten	Kassensysteme, Verkaufsdaten aus den letzten 3 Jahren, Datenbank der Rezepte, Server	Analyse der Verkaufsdaten, Erstellung der Verkaufsprognosen, Automatisierung des Bestellprozesses, genauere Kontrolle in der Teigproduktion	Reduzierung der Überproduktion und der Abfälle in der Produktion	Internes Briefing, Interne E-Mails, Telefon	Betriebsinhaberin, Filialleiter, Produktionsleiter

9 Partner		7 Einsatzumgebung		5 Kundenbeziehung	
Frau Maier, der Projektbetreuer sowie das IT-Unternehmen		eigener Server, Kassensysteme, KI-Anwendungen für die Verkaufsprognosen und Teigkontrolle		B2B	

Humanzentrierter Aspekt	Technologiezentrierter Aspekt	Geschäftszentrierter Aspekt

1 Kundensegmente User & Buyer

Leitfrage: Wer soll die Anwendung nutzen?

Antwort: Betriebsinhaberin, Filialleiter, Produktionsleiter

2 Problemlösung & Mehrwert

Leitfrage: Welchen Nutzen haben die Kunden, wenn sie das System nutzen?

Antwort: Reduzierung der Überproduktion durch genauere Verkaufsprognosen sowie Verringerung der Anfälle in der Produktion durch KI-Unterstützung bei der Teigherstellung.

3 Ressourcen

Leitfrage: Welche Ressourcen werden für die Umsetzung benötigt?

Antwort: Kassensysteme, Verkaufsdaten aus den letzten 3 Jahren, Datenbank der Rezepte, Server

4 Verbreitungskanal

Leitfrage: Wie erfahren die Nutzer bzw. Kunden über die neuen Anwendungen?

Antwort: Über interne Briefings, E-Mails und Telefonate.

5 Kundenbeziehung

Leitfragen: Wird die Lösung betriebsintern oder -extern genutzt? Nutzen Privat- oder Geschäftskunden die Lösung?

Antwort: In diesem Fall wird die Anwendung betriebsintern zwischen den Filialen und der Produktionsstätte genutzt.

6 Schlüsselfähigkeiten

Leitfragen: Welche Aufgaben soll das System realisieren? Welche Fähigkeiten muss es besitzen?

Antwort: Analyse der Verkaufsdaten, Erstellung der Verkaufsprognosen, Automatisierung des Bestellprozesses, eine genauere Kontrolle in der Teigproduktion.

7 Einsatzumgebung

Leitfrage: In welcher Umgebung soll die Lösung eingesetzt werden?

Antwort: eigener Server, Kassensysteme, KI-Anwendungen für die Verkaufsprognosen und Teigkontrolle

8 Schlüsselwissen

Leitfragen: Welches Prozesswissen ist für die Umgebung notwendig? Welche Datenbasis oder welche Entscheidungsregeln sind für das Bewältigen der Aufgabe notwendig?

Antwort: Prozesswissen der Betriebsinhaberin, der Filial- sowie Produktionsleitung; Verkaufsdaten, Rezeptdaten

9 Partner

Leitfrage: Wer kommt als Partner infrage oder muss dringend eingebunden werden?

Antwort: Die Auftraggeberin Frau Maier, der Projektbetreuer sowie das IT-Unternehmen, das die Softwareentwicklung übernimmt.

10 Stakeholder

Leitfrage: Die Interessen welcher Personen und/oder Organisationen werden durch das Projekt berührt?

Antwort: Inhaberin, Filialleiter, Produktionsleiter, Dateninhaber, Kunden, Gesetzgeber, Stadt

11 Verwertungspotenzial

Leitfrage: Womit amortisiert sich die Lösung?

Antwort: Zeiteinsparung im Bestellprozess, Ressourcen- und Kosteneinsparung in der Produktion, Geldeinsparung durch eine Reduktion der Überproduktion

12 Kostenstruktur

Leitfrage: Welche sind die wichtigsten Ausgaben, ohne die die Lösung nicht funktioniert?

Antwort: Entwicklungskosten, Unterhaltungskosten, Hardwarekosten, Schulungskosten

Anlage 5 – Kosten der Lösung

Kosten der Lösung					
Direkte Kosten	**Jahr 1**	**Jahr 2**	**Jahr 3**	**TCO (3 Jahre)**	**% der Gesamtkosten**
Hardware					
Server	2.000 €	0 €	0 €	2.000 €	
Peripherals	2.500 €	0 €	0 €	2.500 €	
Network components	700 €	0 €	0 €	700 €	
Gesamtkosten Hardware	**5.200 €**	**0 €**	**0 €**	**5.200 €**	**7%**
Softwareentwicklung					
Lizenzen	0 €	0 €	0 €	0 €	
SW Maintenance	250 €	250 €	250 €	750 €	
SW Development	30.000 €	0 €	0 €	30.000 €	
SW Management	1.500 €	1.500 €	1.500 €	4.500 €	
Gesamtkosten Softwareentwicklung	**31.750 €**	**1.750 €**	**1.750 €**	**35.250 €**	**46%**
Softwaremanagement					
Admin	500 €	500 €	500 €	1.500 €	
Systems Hosting	700 €	700 €	700 €	2.100 €	
Gesamtkosten Softwaremanagement	**1.200 €**	**1.200 €**	**1.200 €**	**3.600 €**	**5%**
Mitarbeiterschulung					
Mitarbeiter	4	4	4	12	
Schlungskosten pro MA	600 €	200 €	200 €	333 €	
Gesamtkosten Weiterbildung	**2.400 €**	**800 €**	**800 €**	**4.000 €**	**5%**
Implementierung					
Anpassung/Integration	20.000 €	2.000 €	2.000 €	24.000 €	
Gesamtkosten Implementierung	**20.000 €**	**2.000 €**	**2.000 €**	**24.000 €**	**31%**
Direkte Gesamtkosten	**60.550 €**	**5.750 €**	**5.750 €**	**72.050 €**	**94%**

Indirekte Kosten	**Jahr 1**	**Jahr 2**	**Jahr 3**	**TCO (3 Jahre)**	**% of Total Cost**
Zeiteinsatz Mitarbeiter					
Systembetreuung	800 €	800 €	800 €	2.400 €	
Datenbetreuung	800 €	800 €	800 €	2.400 €	

24

Indirekte Gesamtkosten	1.600 €	1.600 €	1.600 €	4.800 €	6%

Gesamtkosten (3 Jahre Periode)	62.150 €	7.350 €	7.350 €	76.850 €

Mehrwert der Lösung

ROI (Effizenzsteigerung)	Jahr 1	Jahr 2	Jahr 3	ROI (3 Jahre)	% of ROI
Effizenzsteigerung					
Einsätze pro Jahr	350	350	350		
Stundensatz	340 €	340 €	340 €		
Ursprünglicher Zeitbedarf (Stunden)	1	1	1		
Geschätzte Effizienzsteigerung	50%	50%	50%		
Summe (Eingesparte Arbeitszeit)	59.500 €	59.500 €	59.500 €	178.500 €	100%

ROI (verbesserte Kenntnis)	Jahr 1	Jahr 2	Jahr 3	ROI (3 Jahre)	% of ROI
Umsatzsteigerung					
Einsätze pro Jahr	0	0	0		
Zusätzliche Kundenaufträge	0 €	0 €	0 €		
Summe (Zusätzliche Verkäufe)	0 €	0 €	0 €	0 €	0%

	Jahr 1	Jahr 2	Jahr 3	
Gesamter Mehrwert (3 Jahre)	59.500 €	59.500 €	59.500 €	178.500 €

Kapitaleinsatz	Jahr 1	Jahr 2	Jahr 3	TCO (3 Jahre)
	-2.650 €	52.150 €	52.150 €	101.650 €